U0941877

# 新编中国历史三字经

盛立科　编著

商务印书馆国际有限公司
中国·北京

**图书在版编目（CIP）数据**

新编中国历史三字经／盛立科编著．—北京：商务印书馆国际有限公司，2021.9

ISBN 978-7-5176-0855-4

Ⅰ.①新…　Ⅱ.①盛…　Ⅲ.①中国历史-通俗读物
Ⅳ.①K209

中国版本图书馆 CIP 数据核字(2021)第 172746 号

XINBIAN ZHONGGUO LISHI SANZIJING
**新编中国历史三字经**

| | |
|---|---|
| 编　　著 | 盛立科 |
| 出版发行 | 商务印书馆国际有限公司 |
| 地　　址 | 北京市朝阳区吉庆里 14 号楼<br>佳汇国际中心 A 座 12 层 |
| 邮　　编 | 100020 |
| 电　　话 | 010-65592876(编校部)<br>010-65598498(市场营销部) |
| 网　　址 | www.cpi1993.com |
| 印　　刷 | 三河市紫恒印装有限公司 |
| 开　　本 | 787mm×1092mm　1/32 |
| 字　　数 | 80 千字 |
| 印　　张 | 3.5 |
| 版　　次 | 2021 年 9 月第 1 版第 1 次印刷 |
| 书　　号 | ISBN 978-7-5176-0855-4 |
| 定　　价 | 19.80 元 |

# 出版前言

盛立科先生曾长期执教中学历史课程，所著《新编中国历史三字经》为其四十余年教学研究之所得，借鉴《三字经》的形式，串讲中国历史，目的是帮助学生理解和记忆，并激起学习兴趣。

该书曾在上个世纪八九十年代初版，虽篇幅不大，但因其简明押韵、浅显易懂而风行一时，深受广大中小学生欢迎。此后经年，盛先生不顾年老体迈仍然修改不辍，以臻完善。

时值该书重新出版之际，我们又参照人民教育出版社新近出版的中学历史教学资料，对该书进行了认真修订，内容截至 1949 年中华人民共和国成立之前。敬请大家批评指正。

商务印书馆国际有限公司编辑部

# 目　录

# 古代史部分（上）

我中华　　历史久
古文明　　耀五洲
原始人　　遗物留
最早者　　出元谋[1]
蓝田人[2]　在其后
北京人[3]　周口店
折劲枝　　砸石头
采野果　　斗猛兽

---

① 元谋：元谋人，在云南元谋发现的猿人，生活在距今170万年前。

② 蓝田人：在陕西蓝田发现的猿人，生活在距今115万至70万年前。

③ 北京人：在北京周口店发现的猿人，生活在距今70万至20万年以前。

山顶洞　　人居留①
取火种　　烤熟肉
氏族长　　部落酋
同劳动　　共享受
半坡村　　河姆渡②
按母系　　结氏族
磨石块　　钻兽骨
制铲凿　　造刀斧
筑草庐　　始农牧
烧彩陶　　作器物
大汶口　　人知父③
男劳力　　成支柱
农牧业　　俱进步
手工业　　有专户
收获物　　渐丰厚
积剩余　　产私有

---

① 山顶洞:山顶洞人是生活在距今 3 万年前的中国原始人类,属于旧石器晚期。其化石于 1933 年在北京周口店龙骨山的山顶洞穴内被发现,不同于北京猿人。

② 半坡村,河姆渡:黄河流域的半坡村人与长江流域的河姆渡人,在距今约 7000 至 5000 年前进入母系社会。

③ 大汶口,人知父:黄河流域的大汶口人,在距今约 5000 至 4000 年前进入父系社会。

分贫富　生怨尤
贵与贱　如寇仇
自羲农　至黄帝①
尧舜禹　传说留
禹治水　入海流
泽万世　惠神州
禅让制　推领袖
夏传子　废禅让②
世袭制　历久长
奴隶制　立纪纲
设官制　建武装
定刑法　保家邦
传至桀　性狂放
施暴政　逾骄阳
汤伐夏　国号商③
辟疆广　世无双

---

① 自羲农,至黄帝:伏羲氏、神农氏(炎帝)、黄帝都是传说中的上古部落联盟首领。

② 夏传子,废禅让:公元前 2070 年,禹建立夏朝。禹死后,其子启继位,废除了部落民主选举首领的禅让制,实行父传子的世袭制。

③ 汤伐夏,国号商:公元前 1600 年,黄河下游的商部族首领汤出兵讨伐残暴的夏桀,大败夏兵,建立商朝。

平东夷　化远方
征伐频　民怨涨
纣无道　民绝望
周伐罪　商败亡①

自夏朝　历法始
商记载　日月食
夏至商　多青铜
工艺精　铸方鼎
三星堆②　铸铜人
冠华美　衣龙纹
甲骨文　刻要事
始出现　汉文字

武王立　国号周
八百载　最长久
分领地　封诸侯

---

① 周伐罪，商败亡：公元前1046年，商西部的周部族首领姬发，出兵讨伐并战败了无道的商纣王，建立了周朝，史称西周。

② 三星堆：新石器时代至商周早期蜀文化遗存。位于四川广汉南兴镇三星村。年代为公元前2800至公元前800年。全国重点文物保护单位。1934年首次被发掘。

至幽王　　为西周
众奴隶　　如马牛
枷锁苦　　难忍受
毁工具　　逃山陬①
破牢笼　　起争斗
国人起　　厉王走
亡于彘②　委于沟
周召和　　统诸侯
摄王政　　十四秋
周平王　　姬宜臼③
迁洛邑　　称东周
至敬王　　为春秋④
诸侯国　　战不休
奴隶们　　无所有
创世界　　靠双手

---

① 山陬(zōu):山脚下的荒僻处。

② 厉王走,亡于彘(zhì):公元前 841 年,国人暴动,暴虐的周厉王出逃于彘(即现在山西霍州),14 年后死在那里,被弃于沟壑。其间大臣召公、周公共同执政。

③ 姬宜臼:即周平王。

④ 春秋:孔子作《春秋》记鲁隐公元年(公元前 722)到鲁哀公十四年(公元前 481)事,今将周平王东迁洛邑至敬王四十四年(公元前 770 年至公元前 476 年)的历史称作春秋时期。

周召共和画像砖

国人暴动后，周厉王出逃。据《史记》载，周公和召公共同执政，史称共和行政。共和元年是中国历史上有明确纪年的开始。

铜铁炉　炼石头
铸器械　役耕牛
被驱使　垦荒丘
井田外　造绿畴
私田肥　井田瘦
奴隶制　难持久
鲁宣公　有远谋
善应变　顺潮流
“初税亩”①展鸿猷
赋税制　萌芽露
齐桓公　志方遒
借尊王　召诸侯
冠盖集　会葵丘②
长五霸　挟冕旒③

老子著　《道德经》

① “初税亩”:公元前594年,鲁国开始不分“公田”和“私田”,对所有田亩征收田税,史称“初税亩”。它标志着我国“井田制”开始破坏,奴隶制社会开始瓦解。

② 冠盖集,会葵丘:戴高冠、罩车盖的诸侯云集,在葵丘会盟。

③ 长五霸,挟冕旒(liú):冕旒即王冠,代指诸侯国国君。指齐桓公成为五霸之长,挟周天子以令诸侯。

主无为　讲辩证
诗三百　风、雅、颂
唯《国风》　记民情
孔夫子　修五经[①]
办私学　留遗风
倡仁爱　反苛政
主德治　辅以刑
孙武子　善论兵
讲战术　倡谋攻

至战国[②]　余七雄
多兵事　尚纵横[③]
铁农具　广为用
兴锄犁　用牛耕
申商法[④]　先后行
阡陌开　井田崩

---

① 五经:儒家典籍《诗经》《尚书》《礼记》《周易》《春秋》的合称。

② 战国:从周元王元年(公元前 475 年)至秦始皇统一中国(公元前 221 年),这期间秦、燕、韩、赵、魏、楚、齐七国争雄,战争频繁,史称“战国时期”。

③ 尚纵横:崇尚以游说达到联合或者分化目的的外交活动。

④ 申商法:指申不害、商鞅等人的变法。

奴隶制　寿将终
封建制　渐形成
彼六国　竞厉兵
不审势　各称雄
心不齐　力不凝
暴秦前　鹬蚌争
齐苏秦　倡合纵
联六国　抗强嬴
魏张仪　主连横
拥嬴秦　定一统

战国雨　春秋风
大变革　大转型
墨儒法　百家鸣
文化界　花竞荣
宋墨翟　盼安定
倡兼爱　主非攻
孟夫子　倡仁政
民为贵　君为轻
赵荀况　启愚蒙
制天命　为人用

庄子著　《南华经》[1]
鄗利禄　主公平
韩非子　倡法刑
主国君　集权柄
楚屈平[2]　赋《离骚》
爱祖国　忧民生
投汨罗　见志行
千万代　仰高风
哈雷星　射北斗
记录早　在春秋
楚甘德　魏石申
著星经　说天文
传黄帝　著《内经》
为医界　万世宗
扁鹊者　秦越人
治病痛　靠四诊
公输班　称巧匠
建厅堂　造桥梁

① 《南华经》:战国思想家庄周的著作《庄子》,唐代被称为《南华经》。

② 屈平:即屈原。

秦始皇　并六国
设郡县　集权多
修长城　固山河
三统一　功不磨
开灵渠　统百越
建三郡　疆域阔
既焚书　又坑儒
残文化　铸大错
筑陵墓　建宫阙
赋役繁　法刑苛
至二世　更肆虐
陈胜王　动兵戈
如铁流　荡冰雪
扫中原　战河洛①
刘项起　动山河
武关克②　咸阳破
秦宫阙　付一炬
余焦土　弃丘壑

① 战河洛:转战黄河洛水流域。

② 武关克:武关在今陕西丹凤东南,刘邦由此先于项羽入秦,攻进咸阳。

暴秦亡　楚汉争
战垓下[①]　西汉兴
大起义　发聩聋
汉高祖　鉴秦嬴
尚宽舒　除苛政
释奴婢　轻徭赋
民力田[②]　士归农
诸业举　百废兴
文景治[③]　世清明
养生息　节财用
奖耕织　重桑农
轻赋役　减法刑
诸侯王　各称雄
七国乱　逼帝京

---

① 战垓下:垓下在今安徽灵璧东南沱河北岸,刘邦在此大败项羽,后建立汉朝,史称西汉。

② 民力田:百姓勤于耕种。

③ 文景治:汉文帝、景帝时政治清明,史称“文景之治”。

诛晁错① 暂缓兵
诏勤王 四海清
至汉武 国力盛
定北疆 炫武功
复颁行 推恩令②
分侯国 强藩平
派张骞 持节旌③
两出使 西域通
丝绸路 贯边城
设都护 连汉京
罢百家 独尊孔
借天命 大一统④

---

① 诛晁(cháo)错:汉初刘邦消灭异姓诸侯王后,大封同姓诸侯王,结果还是形成郡县与中央对立的局面,对中央构成威胁。景帝采用晁错的建议削减了诸侯王的封地。公元前 154 年,吴王刘濞联合其他诸侯王以“诛晁错”“清君侧”为名,发动了吴楚七国之乱。景帝为暂缓危局,诛杀了晁错,后命周亚夫平定了叛乱。

② 推恩令:汉武帝为削弱诸侯王势力,采纳主父偃(yǎn)的建议颁布“推恩令”,即“恩准”诸侯王将其户邑再分封给自己的子弟。意在使之愈分愈小,实力分散并削弱,不至对中央政权构成威胁。

③ 节旌(jīng):即旌节,古代使者所持的标志。

④ 大一统:这里指汉武帝时,儒生董仲舒为适应中央集权的政治需要,主张人民只准尊崇孔孟学说,绝对服从皇帝,以达到全国思想上、政治上的统一。

张骞出使西域(敦煌壁画)

二百载　至孝平[①]
王莽篡　废孺婴[②]
令改制　求政通
息民怨　稳大统
兴王田　抑兼并
豪强怒　如狂蜂
更奴婢　名“私属”
禁买卖　令不行
知难退　废法令
众百姓　愤填膺
改币制　乱财政
漫朝野　怨沸腾
赤眉起　泰山东
由樊崇[③]　统雄兵
有王匡　和王凤
起绿林[④]　据华中

① 孝平:指汉平帝。

② 孺婴:孺子婴,西汉末幼主,两岁立为皇太子,由王莽摄政。两年后王莽篡帝位,改年号。

③ 樊崇:公元 18 年,在山东莒(jǔ)县领导农民起义的领袖。为使义军区别于官兵,将眉毛涂成红色,称为“赤眉军”。

④ 绿(lù)林:公元 17 年,王匡、王凤在湖北当阳境内绿林山领导农民起义,称为“绿林军”。

摧枯朽　如秋风
下长安　新莽崩
有刘秀　削群雄
建东汉　又一统
释奴婢　九诏令
禁虐杀　法度明
惩贪官　吏治澄
倡节俭　裁繁冗①
民息肩　世承平
好光武　称中兴
有班超　请和戎
联各族　抗匈奴
使西域　不辱命
玉关外　传友情
东汉末　至中平②
外戚骄　宦官横
坞堡主　亦逞凶
贫苦人　难求生
遭荒歉　时疫盛

---

① 裁繁冗:提倡节俭,裁撤多余的官员。

② 中平:汉灵帝的年号。

骨露野　无鸡鸣[①]
有张角　广医病
创道教　号“太平”
黄巾军　集万众
苍天死　汉献终[②]
豪强起　各称雄
夺地盘　战频仍

秦与汉　大一统
文化史　异彩呈
周髀经　阐历算
商高述　勾股弦[③]
算术书　分九章
编纂者　汉张苍

---

① 骨露野,无鸡鸣:曹操《蒿里行》有“白骨露于野,千里无鸡鸣”句。

② 苍天死,汉献终:黄巾起义口号“苍天已死,黄天当立”。“苍天”指东汉政权,“黄天”指农民革命政权。黄巾起义沉重打击了东汉朝廷的统治,使东汉政权到汉献帝时终结。

③ 勾股弦:西汉编成的《周髀(bì)算经》集中了春秋战国至西汉时期的天文、历法、数学知识,其中有商高讲述勾三股四弦五关系的记载。这是勾股定理的一个特例。这说明我国提出勾股定理比西方早500年之久。

有宦官　名蔡伦
造纸术　大改进
汉张衡　善机巧
地动仪　测征兆
张仲景　称“医圣”
《伤寒论》享盛名
有华佗　擅手术
麻沸散　免痛楚
司马迁　修《史记》
不隐恶　称“史笔”
有班固　著《汉书》
断代史　第一部
撰《论衡》是王充
信人死　无魂灵
秦皇陵　兵马俑
扬中华　古雄风
相如赋　价千金
赋《子虚》赋《上林》
汉民歌　谱乐府
情率真　文质朴

曹孟德　善秉政

施屯田[①] 举贤能
财源富 实力雄
战官渡[②] 北方平
有刘备 控楚荆
展宏猷[③] 赖孔明
联孙权 借东风
战赤壁[④] 败曹兵
诸葛亮 笑谈兵
战孟获 七擒纵
军纪严 民不惊
和西南 不伐功
孙仲谋 人中龙
据江东 一方雄

---

① 施屯田:曹操为解决财政困难,在北方实行屯田制,招募流民利用荒地屯田(叫“民屯”),令士兵屯田(叫“军屯”)。

② 战官渡:公元200年,曹操在官渡(今河南中牟境内)大败袁绍,史称“官渡之战”。这次战役为曹操统一北方打下了基础。

③ 展宏猷(yóu):施展宏伟大计。

④ 战赤壁:赤壁在今湖北赤壁境内。公元208年,刘备与孙权联合,以五万之众在此大败曹操二十万大军,史称“赤壁之战”。这次战役奠定了三国鼎立的局势。

派卫温[①] 驾艨艟[②]
使夷洲 海峡通
魏蜀吴 争汉鼎
号三国 六十冬
魏灭蜀 晋代兴[③]
并东吴 又一统
八王乱[④] 起纷争
动干戈 频交兵
有鲜卑 和匈奴
羯、氐、羌 称五胡
迁内地 受欺侮
李特反 占绵竹[⑤]

---

① 卫温:三国时吴国为加强大陆与夷洲(今台湾)的联系,派卫温、诸葛直率万人船队到达夷洲。这是史料中汉人到达台湾最早的正式记载,是台湾与祖国关系密不可分的确证。

② 艨艟(méng chōng):古代的一种战船。

③ 晋代兴:代兴是代之魏而兴起的意思。《左传·昭公十二年》:“齐侯举矢曰:‘有酒如渑,有肉如陵,寡人中此,与君代兴。’”这里指魏灭蜀后司马炎取代曹魏建立晋政权。

④ 八王乱:西晋皇室汝南王、楚王、赵王、齐王、长沙王、成都王、河间王、东海王相互厮杀,史称“八王之乱”。这次内乱使西晋国力大为削弱。

⑤ 李特反,占绵竹:西晋末,四川巴氐人李特领导流民起义占领绵竹。

有刘渊　起逐鹿
晋愍帝　成俘虏
战祸连　血漂橹[①]
十六国　争裂土
司马睿　迁江东
南与北　相抗衡
战淝水[②]　东晋胜
前秦衰　南北定
宋、齐继　梁、陈承
为南朝　都金陵
北民迁　南民迎
垦荒野　耕作精
修塘、堰　水利兴
共开发　麦稻丰
北元魏[③]　分东西

---

① 血漂橹:战争中流血之多,能漂起盾牌。形容战争之残酷。橹,盾牌。

② 战淝水:公元383年,前秦苻坚以八十七万大军进攻东晋,东晋谢石、谢玄以八万之众于淝水(今安徽寿县、怀远境内)迎敌。由于前秦军心涣散,战斗力不强,东晋以少胜多。自此形成南北长期对峙局面。

③ 北元魏:鲜卑人拓跋氏建立北魏,魏孝文帝拓跋宏改姓元,故称"北元魏",后分裂成东魏和西魏。

宇文周　和高齐①
称北朝　战时起
田荒芜　民流离
魏孝文　名元宏
令均田②　劝农耕
荒田垦　禾黍生
六畜旺　仓廪丰③
倡汉化④　易旧风
各民族　水乳融
南北峙　各称雄
竞发展　争强盛
万民盼　熄狼烽
分既久　趋一统
百族融　诸业兴

① 宇文周，和高齐：西魏末宇文觉篡政建北周，故称“宇文周”；东魏末高洋篡政建北齐，故称“高齐”。

② 令均田：魏孝文帝元宏实行均田制，把政府掌握的土地实行分配，丁男受露田（种公物之田）四十亩；初受田的丁男，每人另受桑田（种桑树与农作物之田）。受田者要向政府缴纳粟、布、帛，并服兵役。桑田可传子孙。

③ 廪(lǐn)：粮仓。

④ 倡汉化：魏孝文帝号召北方各少数民族改汉姓、穿汉服、学汉语、与汉人通婚，政治上采用汉族统治者的制度。

文化界　　出精英
祖冲之　　算圆周
冠当世　　超非、欧
贾思勰　　研农牧
为齐民　　编《要术》[1]
范缜撰　　《神灭论》
信形神　　不离分
郦道元　　注《水经》
写江河　　流纵横
述史迹　　记风景
山川秀　　文隽永
三曹诗　　冠建安[2]
调苍凉　　语刚健
陶渊明　　恶官场
赋《桃源》[3]　写畅想
《敕勒歌》　《木兰辞》
称双璧　　耀诗史
王羲之　　称“书圣”

---

① 为齐民,编《要术》:北魏贾思勰(xié)所著的农书《齐民要术》。

② 三曹诗,冠建安:曹操、曹丕、曹植父子三人的诗在汉末建安年间的文坛影响力高居首位。

③ 赋《桃源》:这里指陶渊明写《桃花源记》。赋,创作。

任挥洒　　如云龙
顾恺之　　绘洛神
飘欲仙　　艳绝伦
云冈窟　　龙门佛
形端庄　　神妙悟

# 古代史部分（下）

周外戚　名杨坚
建隋业　并江南
统全国　重集权
兴科举　选职官
隋炀帝　非甚暗①
功与罪　当明辨
开运河　通东南
比禹功　堪齐肩
征高丽　起战端
营东都　造禁苑
急功利　滥征敛
忘古训　招民怨
隋朝末　中原乱

---

① 隋炀帝，非甚暗：暗是糊涂的意思。隋炀帝杨广在历史上有功有罪，并非昏庸糊涂的国君。

戈矛举　侵天半
瓦岗军　起河南
窦建德　起河间
杜伏威　起淮南
互策应　鼎足三
有李渊　起太原
争果实　夺大权
抢关中　占长安
建李唐　三百年
唐太宗　善施政
鉴古今　重兼听
设三省　置六部[①]
袭隋制　愈完整
均田亩　定租庸
减赋役　尚节用
兴水利　奖农耕
民食足　国库丰
陆海路　贸易通

---

① 设三省，置六部：三省指主管决策的中书省、主管审议的门下省和主管执行的尚书省。六部指尚书省所属的吏、户、礼、兵、刑、工六大部。

友万邦　　促隆盛
贞观治　　四海宁
称盛世　　久传颂
武则天　　反正统
建武周　　持政柄
抑士族　　重贤能
国势昌　　百业兴
及晚年　　恣专横
用酷吏　　多弊政
至开元　　称全盛
安史乱　　衰势萌
物自腐　　虫乃生
盛衰理　　代代同
民流亡　　避战争
租庸调　　渐成空
均田制　　近尾声
赋税减　　国库窘
有杨炎　　谏德宗
两税法　　得施行
唐前朝　　声威隆
振八荒　　万方平
睦四邻　　引高朋

九州外 崇唐风
讨突厥 边陲靖
设"安西" 置"北庭"①
怀仁汗② 朝帝京
回鹘族 颂友情
黑水府 岁入贡
大祚荣③ 获册封
有文成 与金城
嫁赞普 山海盟
唐蕃道 结和同
大昭寺 碑作证④

---

① 设"安西",置"北庭":唐初在天山以南至帕米尔高原的辽阔地区设置"安西都护府",在天山以北阿尔泰山和巴尔喀什湖以西的广大地区设置"北庭都护府",以此进行行政管理。

② 怀仁汗:唐代回纥(hé)族(今维吾尔族的祖先)的可汗(王)骨力裴罗,八世纪中期统一回纥各部,摆脱后突厥汗国控制,接受唐朝"怀仁可汗"的封号。

③ 大祚荣:七世纪末,粟末靺鞨族首领,统一了辽河流域各部落,建立了政权。公元 713 年,唐玄宗封其为渤海郡王,加授忽汗州都督。

④ 有文成……碑作证:文成指唐太宗时的文成公主;金城指唐中宗时的金城公主。两人分别先后远嫁吐蕃(今西藏)赞普(首领),沟通了唐蕃关系。唐蕃道即唐朝内地通往吐蕃的古道。吐蕃赞普尺带珠丹,上书唐玄宗,说吐蕃与唐朝已"和同为一家"了。唐穆宗长庆三年(公元 823 年),吐蕃赞普可黎可足,为纪念唐蕃会盟,在拉萨大昭寺前建唐蕃会盟碑,又名舅甥会盟碑。

皮罗阁　阁罗凤①
统南诏　受唐封
苍山高　洱海清
千寻塔　寄深情
遣唐使　留学生
集长安　灿群星
日友人　名晁衡②
居中国　六十冬
有鉴真　唐高僧
六东渡　逝东瀛③
唐玄奘　万里行
赴天竺　取真经
唐朝末　事多变
诸藩镇　滋战乱
大地主　拥巨万
酒肉臭　仓粟烂

---

① 皮罗阁,阁罗凤:南诏第四、第五代王。

② 晁衡:日本人,原名阿倍仲麻吕,17 岁到唐朝长安读书,取汉名晁衡,后在唐朝居留五十多年,直到逝世。曾任左散骑常侍及安南都护等职,擅长诗文,与李白、王维友善。

③ 鉴真:唐朝著名高僧。出家后住扬州大明寺。公元 742 年,应日本高僧之邀,几经挫折到达日本传播佛教,并将中国建筑、雕塑、医药知识介绍到日本。公元 763 年,逝世于日本(时称东瀛)。

《职贡图》

唐代画家阎立本创作。反映的是外国使节和少数民族使臣向唐朝进贡的情景。

贫苦人 如倒悬
遭欺诈 受饥寒
王仙芝 起长垣①
黄巢继 号“冲天”②
出中原 指江南
滚雪球③ 频转战
扫闽粤 陷长安
唐僖宗 逃四川
巢称帝 大齐建
时未久 朱温叛
先投唐 后复篡
建后梁 都于汴④

隋唐始 雕版印
金刚经 传至今
赵州桥 美名标
巧工匠 李春造

---

① 长垣(yuán):河南地名。

② 号“冲天”:黄巢自号“冲天大将军”。

③ 滚雪球:黄巢起义军流动作战,像滚雪球一样,队伍越来越壮大。

④ 都于汴(biàn):定都于汴州(今河南开封)。

僧一行　称神算
首测量　子午线
孙思邈　称“药王”
编专著　《千金方》
李与杜　诗作丰
称“诗仙”　和“诗圣”
李豪迈　杜沉雄
乐天诗①　妇孺通
柳河东　韩昌黎
倡古文　止浮靡②
阎立本　工人物
代表作　《步辇图》③
吴道子　称“画圣”
挥衣带　如当风
莫高窟　艺术宫
画岩壁　佛如生

---

① 乐天诗:唐代诗人白居易字乐天,诗风朴实,语言通俗,妇孺皆懂。乐天诗即白居易的诗。

② 止浮靡:韩愈与柳宗元提倡古文运动,遏止了六朝以来华而不实的文风。

③ 《步辇(niǎn)图》:唐画家阎立本的名画。生动描绘唐太宗在步辇(宫廷中人抬的类似轿子的代步工具)上,接见吐蕃赞普松赞干布派来的求婚使者的情景。

唐文化　　创辉煌
泽被远　　流传广
大中华　　文化圈
耀东亚　　何璀璨

梁、唐、晋　　及汉、周
更替频　　五十秋
另十国①　　战不休
有并立　　有先后
周世宗　　费运筹
明法纪　　除积垢
查匿田　　增税收
严整军　　慎攻守
劳瘁死　　遗孤幼
一统志　　恨未酬
赵匡胤②　　篡后周
征敌国　　扫列侯

---

① 另十国:在唐朝灭亡后半个世纪里,黄河流域相继出现了后梁、后唐、后晋、后汉、后周五代,南方先后出现吴、前蜀、吴越、楚、闽、南汉、荆南(南平)、后蜀、南唐九国,加上山西的北汉,史称“五代十国”。

② 赵匡胤(yìn):后周大将,率兵北征至陈桥驿,导演了一场兵变,篡夺后周政权并建立了宋王朝,史称北宋。

雪夜访普图

明代画家刘俊创作。反映的是赵匡胤夜访重臣赵普，询问计谋的故事。

北宋兴　割据收
归一统　都汴州
释兵权　凭杯酒①
皇权重　藩镇休
养冗兵　怯外寇
蓄冗员　庞机构
国力弱　伏隐忧
辽、夏强　窥边州
契丹国　与宋邻
阿保机　御臣民
辽太宗　取幽云②
蓄精锐　辽河滨
党项族　游牧民
有元昊③　志逸群
既经武　又修文
建西夏　称至尊

---

① 释兵权,凭杯酒:宋太祖赵匡胤为防部下篡权,在一次宴会上逼其部将石守信等交出兵权,史称"杯酒释兵权"。

② 辽太宗,取幽云:辽太宗耶律德光通过石敬瑭的出卖取得了幽州、云州等十六州地盘。

③ 元昊(hào):西夏国王。下所述"称至尊"即称帝,成为最高统治者。

辽、宋、夏 鸿沟分
和则晴 战则阴
和局开 如芳邻
边衅起① 战云屯
辽、夏攻 宋怀柔②
奉银绢 乞和媾③
掠夺恨 征敛仇
众百姓 难忍受
王小波④ 振臂吼
"均贫富" 作旗手
建大蜀 震九州
虽告败 英名留
纾危机⑤ 转国运
王安石 倡革新
省劳费 固根本
均征徭 抑缙绅⑥

---

① 边衅起:边疆发生事端。

② 怀柔:友好对待其他民族,使之归附。

③ 乞和媾(gòu):屈膝求和。

④ 王小波:公元993年,王小波、李顺在四川青城起义,反抗北宋统治,提出"均贫富"的口号。

⑤ 纾(shū)危机:缓和经济与政治危机。

⑥ 抑缙绅(jìn shēn):限制官僚豪绅对人民的压榨。

一理财　　二整军
强兵甲　　实仓廪
制宏远　　义精深
豪强恨　　倾轧频
重推行　　轻用人
贪吏乘①　　失民心
保守派　　秉国钧②
新法废　　旧制因③
白山高　　黑水深
事渔猎　　有女真
阿骨打　　称国君
都会宁④　　建号金
灭辽国　　声威振
鲲鹏志　　向南云⑤
金兀术　　统六军

---

① 贪吏乘:被贪官钻了空子。

② 秉国钧:掌握国家政权。

③ 旧制因:保守派人物司马光在神宗后做了宰相,废除了新法,旧的一套制度又沿袭了下去。

④ 都会宁:定都于黑龙江的阿城。

⑤ 向南云:南云代指南方。晋陆云诗有:“眷南云以兴悲,蒙东雨以涕零。”南宋刘子翚《汴京纪事》有句:“犹有太平遗老在,时时洒泪向南云。”

陷中州① 掠徽、钦
有赵构 建南宋
都临安 称高宗
为宝座 弃父兄
守半壁 厌谈兵
遗民泪 黄淮平
望南师 多成空②
有王彦 举义旗
八字军③ 抗侵凌
岳鹏举 督雄兵
扫胡骑 折敌冲④
自襄阳 趋郾城⑤
岳家军 挫敌锋
欲挥师 捣黄龙
金字牌 令休兵

---

① 中州:河南地处中原,古称“中州”。

② 遗民泪,黄淮平,望南师,多成空:1141年,南宋与金订立绍兴和议。以东起淮水、西至大散关一线划界,南宋放弃黄淮地区。陆游《秋夜将晓出篱门迎凉有感》:“遗民泪尽胡尘里,南望王师又一年。”

③ 八字军:南宋时王彦领导的活动在太行山一带的抗金义军,因战士脸上刺有“赤心报国,誓杀金贼”八字而得名。

④ 折敌冲:使敌人战车折转回去,即战胜敌人。

⑤ 郾城:河南地名。

中兴四将图（左二为岳飞）

“莫须有” 定罪名
望中原 饮恨终
铁木真[1] 试弯弓
纵胡马 逞骁勇
扬战尘 振雄风
西夏王 金瓯倾
忽必烈 继其踪
犯南宋 势汹汹
文天祥 抗元兵
留丹心 照汗青
南宋灭 元朝兴
忽必烈 定一统
重生产 重交通
元大都 最繁荣
大海港 泉州城
六胜塔 导航程
千帆驻 巨舶停
万邦集 商贸隆

① 铁木真:即后来的成吉思汗。

设行省[1] 政令通
疆域广 天下平
巡检司 辖台、澎
宣政院[2] 治藏、青
封建主 性难更
将国人 分四等
占田亩 掠人丁
汉、南人[3] 受欺凌
一夫呼 天下应
首义者 韩山童
红巾军 起于颍[4]
叱风云 刘福通
徐寿辉 郭子兴
方国珍 张士诚

---

① 设行省:元朝对全国进行有效的统治,在中央设立中书省,作为全国最高行政机构。大都及临近地区由中书省直接管辖,其他地方设立“行中书省”,简称“行省”,由中央政府委派官吏管理。

② 宣政院:元代掌握全国佛教事宜和藏族地区军政事务的机构。

③ 汉、南人:元朝统治者把各族人民分为四等人:一等蒙古人;二等色目人(今西域和西夏人);三等汉人(北方汉人、契丹人、女真人);四等南人(南方各族人民)。三、四两等最受欺凌。

④ 颍:颍州,今安徽阜阳。

群雄起　如雷霆
元王朝　一朝崩

辽、宋、夏　及金、元
分而合　有发展
诸业兴　百族融
文化史　新高峰
宋毕昇　创活字
印刷术　惠后世
罗盘针　作向导
利航海　促邦交
制火药　硝、硫、碳
应用广　在宋元
有沈括　撰《笔谈》①
科学史　留遗篇
郭守敬　精历算
《授时历》　计周年
司马光　著《通鉴》
编年史　称鸿篇

---

① 《笔谈》:指北宋科学家沈括所著笔记体著作《梦溪笔谈》。

作宗词　　推苏、辛[1]
情奔放　　气雄浑
李清照　　写情真
意委婉　　调清新
大诗人　　陆放翁
九千首　　著作丰
情充沛　　意纵横
死犹念　　九州同
关汉卿　　编元曲
《窦娥冤》　斥天地
张择端　　构宏图
以长卷　　绘京都
绘舟桥　　绘店铺
写民丰　　写物阜

朱元璋　　原务农
义军中　　称豪雄
用刘基　　与朱升
不数年　　势勃兴

① 苏辛:北宋苏东坡与南宋辛弃疾的词作,笔力豪健,气势沉雄,为豪放派词人,并称“苏辛”。

经转战　灭群雄
覆元朝　建大明
轻赋役　治农桑
兴水利　奖垦荒
复元气　愈伤创
百废举　五业旺
重皇权　废丞相
掌六部　控八荒①
设厂卫②　如堤防
缄民口　止怨谤
明成祖　重友邦
遣郑和　下西洋
起锚碇③　刘家港
挂云帆　万里航
经爪哇　过伊朗
至东非　返风樯④

---

① 控八荒:控制到四面八方的荒远之地。

② 设厂卫:东厂、西厂、锦衣卫合称厂卫。是明朝统治者所设的特务机构。

③ 碇:系船的石礅。

④ 返风樯:樯即桅杆,返风樯即返航之意。从1405年至1433年郑和七次出航,到过中印半岛、南洋群岛、印度、伊朗、阿拉伯,最远到达非洲索马里和肯尼亚。

斗狂风　　斩恶浪
海天阔　　友情漾
瓦剌汗　　名也先
雄心壮　　欲图南
土木堡　　一场战
掳英宗　　暂北还
廉正臣　　数于谦
立景帝　　反南迁
守北京　　败也先
英宗归　　谦被斩
嘉靖间　　倭寇狂
袭东南　　扰海疆
俞大猷　　戚继光
战台州　　驱豺狼
有丰臣　　主东瀛
侵朝鲜　　窥大明
明神宗　　派援兵
逐倭贼　　复汉城
李舜臣[①]　　邓子龙

---

① 李舜臣：朝鲜水师将领，在与明朝水师将领邓子龙并肩战胜倭寇的战斗中一起殉国。

同战斗　共死生
手足谊　兄弟情
天地久　血凝成
万历初　政失衡
田集中　税不公
大学士　张居正
改税制　发政令
清田亩　赋、役并
折银两　税均平
阻力大　难推行
“一条鞭”　付西风①
明中期　百工兴②
市集闹　生意隆
景德镇　长烟笼
姑苏城　遍机声
关卡严　税收重
“失业死　得业生”③
有葛贤　聚机工

① “一条鞭”,付西风:张居正改革的“一条鞭法”失败了。

② 百工:各种手工业工人的总称。

③ “失业死,得业生”:明朝中晚期的手工工场里有长工和临时工,临时工找到职业就能生活下去,找不到职业就无法生活。

烧税署　　逐孙隆[①]
石下草　　柔弱生
新经济　　破土萌
女真人　　建后金
八旗兵　　占辽沈
改号“清”　　国威振
伺朱明　　如鹰瞵[②]
明朝末　　至思宗[③]
吞民田　　豪强横
贫苦人　　难存生
充饥肠　　无菜羹
李自成　　张献忠
揭竿起　　战旗红
闯王到　　万姓迎
“割富贵”　　济贫穷
扫明军　　如秋风
建大顺　　西安城

① 逐孙隆:公元1601年,葛贤在苏州领导机工发动驱逐税监孙隆的斗争。

② 如鹰瞵(lín):像苍鹰一样凶狠地注视。

③ 明朝末,至思宗:明思宗即明朝亡国之君崇祯皇帝。

蔽大野　　黄云涌[1]
乌龙驹[2]　　进北京
煤山槐　　缢崇祯
朱明灭　　大顺兴
李自成　　牛金星
胜而骄　　腐败生
无远虑　　斗志松
对强敌　　难抗衡
吴三桂　　引清兵
入榆关[3]　　如疾风
清政府　　迁北京
驰铁骑　　控域中
郑成功　　起抗争
战东南　　据台、澎
驱荷兰　　史传颂
收失地　　留美名
清王朝　　奠大统
以杀戮　　制反清

---

① 黄云涌：李自成领导的起义军一律穿黄衣服，围攻北京时，人潮滚滚而来，史书说如“黄云蔽野”。

② 乌龙驹：李自成骑的黑花大马。

③ 榆关：指山海关。

文字狱　众惶恐
箝思想　似牢笼
因一言　可灭顶
凭刀剑　稳政柄
诸儒生　忧忡忡
若寒蝉　战兢兢
国基固　政宽松
“更名田”　税“地丁”
人口添　耕地增
工商业　势蒸蒸
资本芽　挣扎生
磐石下　难勃兴
康熙帝　盖世雄
遣施琅①　收台、澎
战促和　海波平
郑氏归　两岸统
我金瓯　又完整
殖民者　断残梦

① 施琅:福建晋江人,初为郑成功部将,降清后任水师提督。康熙二十二年(1683)率军攻灭台湾郑氏政权,使台湾与大陆统一。既结束了两岸的分裂局面,又避免了西方殖民者的侵略,因功被封为靖海侯。

雅克萨 败俄兵
尼布楚 条约成[①]
准噶尔 三讨平[②]
大西北 边陲靖
派大臣 治藏、青
多民族 疆域定
土扈特 草原鹰
远游牧 入俄境
离祖国 受欺凌
系万里 故土情
渥巴锡 真英雄
率部族 启归程
历千劫 万里行
爱国志 动朝廷
中华史 至明清
旧制度 近寿终

---

① 尼布楚,条约成:1643 年,沙俄开始派兵东侵。康熙初年时,强占了我国黑龙江流域的尼布楚和雅克萨等地。1685 年,清康熙帝派兵在雅克萨大败俄军。1689 年,双方平等协商签订了《尼布楚条约》,划分了中俄东段边界。

② 准噶尔,三讨平:1690 年到 1757 年,清康熙、乾隆先后三次讨伐漠西蒙古的一支准噶尔部的叛乱,平定了西北。

新思想　悄然生
反封建　是特征
黄宗羲　写《原君》
指君王　害人民
哲学家　王船山
主唯物　重实践
顾炎武　反空论
学至用　启后昆[1]
罗贯中　著《三国》
孙、曹、刘　舞干戈
施耐庵　作《水浒》
梁山泊　英雄谱
吴承恩　写《西游》
扫邪恶　赞灵猴
曹雪芹　著《红楼》
封建制　到尽头
吴敬梓　刺儒林
贪名利　丧斯文
蒲松龄　编《聊斋》
说鬼狐　讲仁爱

① 启后昆:启迪后辈。

李时珍　编《本草》[1]
药物界　百代豪
徐光启　撰《农政》[2]
农、林、水　中西通
徐霞客　写游记
履险远　记雄奇
宋应星　著《开物》[3]
工艺学　百科书

① 《本草》:指《本草纲目》。
② 《农政》:指《农政全书》。
③ 《开物》:指《天工开物》。

清光绪刊本《红楼梦图咏》

# 近代史部分（上）

旧制度　　旧传统
妄尊大　　国门封
旧农业　　旧经营
抑商贾　　轻百工①
旧刀矛　　旧艨艟
御外寇　　难为用
清后期　　受侵凌
有历史　　作鉴证
葡、西、荷　　法、美、英
争殖民　　齐向东
英帝国　　作先锋
贩毒品　　荼生灵②

---

① 抑商贾，轻百工：封建统治者重农抑商，轻视各种手工业者，把科学技术看作奇技淫巧，加以遏制。

② 荼(tú)生灵：荼，本是一种苦菜。这里引申为苦害、毒害的意思。“荼生灵”即毒害人民的意思。

林则徐　　赴广东
禁鸦片　　扬威名
英军至　　起战争
仗炮舰　　相侵凌
袭虎门　　遇干城[①]
犯大沽　　窥北京
陷广州　　闯吴淞
溯江上　　逼江宁[②]
清政府　　殊无能
先闭关　　后揖迎
首缔约　　于南京
割香港　　国耻蒙
商关税　　海禁松
赔损失　　开五城[③]
诸列强　　争继踵[④]
破门入　　似蜂拥

---

① 干城：盾牌和城墙，比喻保卫者。

② 逼江宁：江宁即南京。《南京条约》本称《江宁条约》。

③ 开五城：《南京条约》规定中国开放广州、福州、厦门、宁波、上海五个通商口岸。

④ 争继踵(zhǒng)：继踵即后面的人的脚尖接着前面人的脚跟。争继踵即争着追随别人之后，跟着行事。

外侮逼　内敛横
我人民　不聊生
太平军　起桂平
如狂飙①　卷地生
克险塞　破坚城
战武汉　舳舻东②
挥戈矛　定天京
兵百万　车千乘③
田亩制　主均平
聚民心　力无穷
旋北伐　继西征
扼大江　拔敌营
占江、浙　苏、常定
逼上海　列强惊
联捻军　战华中
如猛虎　似蛟龙
争权势　致内讧
元气伤　天国崩

---

① 狂飙(biāo):指急骤的暴风,比喻猛烈的潮流和力量。

② 舳舻(zhú lú)东:连绵相继的舰船沿江东下。

③ 车千乘(shèng):乘是量词,古代指四匹马拉的兵车,车千乘是兵车千辆的意思。

太平军与清军作战

十四年　天地动
亏一篑　功未成
诸列强　欲无穷
掠不足　动刀兵
英与法　结同盟
陷广州　占天津
迫立约　开十城
各公使　常驻京
内河港　任通行
赔军费　耻莫名
事未平　兵复兴
陷京华　问九鼎①
銮舆走②　帝都空
逃热河　咸丰崩
圆明园　艺术宫
一把火　玉宇倾
文物尽　图籍空
剩残垣　余枯井

① 问九鼎：夏、商、周三代以九鼎为传国之宝，问九鼎有企图夺取国家政权之意。

② 銮舆(luán yú)走：銮舆是皇帝出行坐的车子，这里指咸丰皇帝出逃。

列强索　城下盟①
开天津　割九龙
老沙皇　豺狼性
趁火劫　逼清廷
黑水北　乌苏东
被鲸吞　百万零②
伊犁西　巴湖东
五十万　遭兼并③
自中华　奠国基
唯近代　受人欺
有火药　和火器
我神州　是产地
传欧美　添虎翼
复东来　造孽迹

---

① 列强索，城下盟：继1858年英法迫使清政府签订《天津条约》后，1860年英法联军打进北京又迫使清政府签订《北京条约》。

② 被鲸吞，百万零：1858年沙俄迫使清政府签订《中俄瑷珲条约》，1860年又签订《中俄北京条约》，先后吞并我黑龙江以北六十多万平方公里，乌苏里江以东约四十万平方公里土地。

③ 五十万，遭兼并：1864年沙俄迫使清政府签订《中俄勘分西北界约记》，抢走我巴尔喀什湖以东以南四十四万平方公里土地；1881年签订《中俄伊犁条约》，抢走霍尔果斯河以西七万平方公里土地。两次清政府共割让五十多万平方公里的土地。

洋务派 兴科技
引西学 拯危机
创实业 谋红利
资产者 始崛起
诸列强 逞凶狂
觊中华 觎邻邦
英帝国 窥滇、藏
促浩罕[1] 侵新疆
老沙皇 嗜扩张
占伊犁 拒不让
主战派 左宗棠
载桐棺 赴穷荒[2]
督军务 驱贪狼
复国土 固边防
法帝国 肆逞兵
侵越南 挑战争
派舰队 复向东

① 浩罕:18 世纪初中亚乌兹别克人所建封建汗国。1865 年,沙俄唆使浩罕国的阿古柏侵略新疆,占领喀什噶尔。

② 载桐棺,赴穷荒:1875 年左宗棠以 63 岁高龄,为赶走英俄支持的浩罕国侵略者,带着桐木棺材率兵出征荒远的新疆。

袭马尾　　占基隆[①]
冯子材　　老英雄
镇南关　　斗顽凶
与越人　　相协同
克谅山　　逐夷兵
刘永福　　振长缨
战临洮[②]　　缚恶龙
刘铭传　　临战勇
守淡水[③]　　保台、澎
最腐败　　是清廷
求和议　　乘获胜
卖友邻　　开边城
大西南　　失藩屏
甲午年　　战又重
日海军　　逞骄横
邓世昌　　震海东
殉国难　　万夫雄
李鸿章　　受君命

---

① 袭马尾，占基隆：法国舰队进攻福建闽江口的马尾海港，占领台湾北部的基隆港。

② 临洮：位于越南。

③ 淡水：台湾北部的海港。

乞盟约　赴东瀛
两口岸　苏杭城
开沙市　及重庆
二亿两　赔款重
割辽东　让台、澎
允设厂　榨劳工
殖民化　深一层
刘永福　敢抗命
反割台　留英名
有徐骧　拒占领
成国殇[①]　效孤忠
分中华　列强疯
如肥肉　群狼争
德意志　是元凶
租胶澳[②]　霸山东
沙皇口　无底洞
划范围　至长城
滇、桂、粤　法掌控

---

① 国殇(shāng):为国牺牲的人。

② 租胶澳:胶澳即山东的胶州湾,1898年被德国强租。这也成为帝国主义划分势力范围、掀起瓜分狂潮的开始。

日本国　　据闽中
英帝国　　欲无穷
霸荆楚　　占江东
拓新界[①]　　逼清廷
夺威海　　强租用
美利坚　　狡黠性
开门户[②]　　欲称雄
巨船漏　　风雨猛
沉沦事　　旦夕中
有康梁　　倡新政[③]
以变法　　图强国
历百日　　终未成
不可磨　　启蒙功
杨深秀　　谭嗣同
六君子　　百世崇
维新志　　强国梦

① 拓新界:新界在九龙半岛北部,界线街以北,深圳河以南。1898 年被英国强租。

② 开门户:美国在 1899 年提出“门户开放”政策,取得了插足于各帝国主义国家在华势力范围的特权,企图达到独霸中国的目的。

③ 倡新政:提倡革新政治,这里指康有为、梁启超提倡的维新变法运动,又称戊戌变法。

对刀斧　意从容
义和团　起山东
发难者　朱红灯
倡灭洋　驱顽凶
设拳坛　习武功
烧教堂　洋妖惊
袭租界　斗苍龙
占天津　入禁城
北中国　烈焰腾
八列强　逞兵戎
起干涉　犯清京
烧杀掠　纵兽兵
血流红　染故都
义和团　独支撑
为民族　作牺牲
那拉氏　凶险性
施诡计　借刀柄
寓绞杀　于利用
逃西安　下剿令
媚敌寇　和议成

辛丑约[①] 国耻重
制民变 作保证
京、津、榆 住夷兵
赔巨款 逐年增
倾国力 饱饥鹰
我中华 民气盛
诸列强 有余惊
瓜分梦 成泡影
清王朝 根基动
孙中山 起革命
创“兴中” 组“同盟”[②]
倡“三民” 作纲领
主共和 覆清廷
兴民权 重“民生”
“民族”和 向“大同”

---

① 辛丑约:1901年八国联军迫使清政府签订《辛丑条约》,规定中国赔款四亿五千万两,分三十九年还清;清政府保证制止人民的反帝活动;拆毁大沽炮台;允许各国在北京、天津、山海关驻兵。至此,中国完全陷入半殖民地半封建社会的境地。

② 创“兴中”,组“同盟”:1894年孙中山在檀香山创立了第一个中国资产阶级革命团体“兴中会”;1905年孙中山在日本东京创立“同盟会”,提出资产阶级革命纲领三民主义,即民族主义、民权主义、民生主义。

《辛丑条约》签订现场

刘道一　　辞东瀛
揭义旗　　浏、醴、萍
为中华　　得复兴
拼热血　　染旗红
徐锡麟　　秋竞雄
挽强弓　　射苍龙
为革命　　死犹荣
浩然气　　贯长虹
有黄兴　　与赵声
起义师　　震清廷
势悬殊　　功未成
黄花岗　　留新墓
辛亥年　　惊雷动
红旗飘　　武昌城
清王朝　　告寿终
两千载　　帝制崩
民国建　　共和兴
组政府　　于南京
内外逼　　和议成
孙中山　　让权柄
袁世凯　　篡大统
毁民主　　独揽政

宋教仁　起抗衡
上海站　殒性命
李烈钧　与黄兴
树义帜　起赣、宁
窃国盗　反革命
逆巨流　做帝梦
蔡松坡①　潜出京
赴云南　起义兵
护国军　怒潮涌
八十天　“洪宪”终②
张辫帅③　入北京
促复辟　拥宣统
十二天　遗笑柄
唯历史　最无情
段祺瑞　实专横
弃约法　扬恶名
孙中山　发号令

---

① 蔡松坡：即蔡锷。1915年袁世凯称帝，蔡锷到云南宣布独立，组织“护国军”讨袁。

② “洪宪”：袁世凯自称“洪宪”皇帝。

③ 张辫帅：张勋梦寐以求复辟清王朝，因此他与自己的军队一直留着辫子，他也被称为“辫帅”。

革命党　　鸣鼓攻
诸军阀　　各拥兵
依列强　　起纷争
战祸频　　国无宁
魔怪舞　　夜难明
君主制　　被推翻
工商业　　压力减
欧列强　　忙一战
侵中华　　暂松缓
有识士　　如张謇
创实业　　倡民办
周学熙　　陈启源
荣宗敬　　步履艰
设工厂　　开矿山
夹缝中　　求发展

欧风急　　美雨紧
形势迫　　巨轮滚
诸先贤　　感知敏
勇革故　　图鼎新
有魏源　　走健笔
《海国志》　见眼力

救祖国 发宏议
倡“师夷” 以“制夷”①
有严复 主维新
译名著 《天演论》
万物竞 适者存
世道进 后胜今
黄遵宪 谭嗣同
在诗界 倡革命
写今世 吐心声
“旧风格” “新意境”
吴沃尧 李宝嘉
揭黑幕 猛挞伐
写官场 互倾轧
斥列强 侵我华
京张路 破天荒
詹天佑 写新章
有冯如 制飞机
为民族 长志气
陈独秀 列战阵
《新青年》 造舆论

① 倡“师夷”,以“制夷”:提倡学习西方科技来对付西方列强。

李大钊　　及鲁迅
揭战旗　　创新军
挥椽笔[①]　　撰檄文[②]
讨孔教　　文坛震
倡民主　　反封建
倡科学　　反迷信
启蒙昧　　醒斯民
新文化　　入人心
蔡元培　　志行高
办教育　　敢弄潮
倡“兼容”　　与“并包”
主北大　　作先导
胡适之　　倡“白话”
传新知　　播文化
既通俗　　又畅达
新文风　　弥华夏

---

① 椽笔:像房上椽子一样的巨笔。指大手笔,称誉他人文笔出众。

② 檄文:讨伐敌方的文书。

# 近代史部分（下）

十月炮　　震中华

传马列　　启洪闸

巴黎会　　惊雷炸①

五四潮　　勃然发

陈独秀　　发叱咤

帅旗举　　声威大

天安门　　人声哗

赵家楼　　燃赤霞

争国权　　反讹诈

惩国贼②　　除奸猾

---

① 巴黎会，惊雷炸：第一次世界大战后，1919年协约国在巴黎召开会议，竟然不顾中国是战胜国，而决定把德国在中国山东的权益转让给日本，引起中国人民的强烈反对，促使中国爆发了反帝反封建的“五四”运动。

② 惩国贼：参与五四运动的青年学生们要求惩办曹汝霖、陆宗舆、章宗祥三个卖国贼。

五四运动

驱列强 反军阀
新历史 序幕拉
共产党 树灯塔
开天地 事件大
南湖船① 征帆挂
新航程 万船发
海员工 回羊城②
斗列强 获首胜
安源矿 起雄风③
闹工潮 天地动
江汉关 传钟声④
京汉路 大罢工
“为人权” 勇抗争

① 南湖船:1921 年 7 月,中国共产党第一次全国代表大会,由上海迁至嘉兴南湖一艘游船上召开。中国共产党的成立,标志着中国革命开始走上新的征途。

② 海员工,回羊城:1922 年 1 月,香港海员工人在共产党员苏兆征的领导下,为反对英国资本家压迫、争取改善待遇举行罢工,后纷纷离开香港回到广州,前后历时八个星期,终于取得胜利。

③ 安源矿,起雄风:1922 年 9 月,毛泽东、刘少奇等组织领导安源路矿 17000 多名工人举行罢工,迫使路矿当局答应工人提出的要求,罢工取得重大胜利。

④ 江汉关,传钟声:1923 年 2 月 4 日,汉口江汉关钟楼钟声响起,京汉铁路工人举行大罢工。2 月 7 日军阀吴佩孚对工人进行屠杀,工人领袖、共产党员林祥谦遇难,这就是“二七”惨案。

林祥谦　　千古颂
孙中山　　崛广东
屡受挫　　逢中共
联俄、共　　扶农、工
党改组　　统战成
创黄埔　　育精英
组军队　　勤厉兵
赴北京　　谋一统
志未酬　　身先终
工农起　　齐奋发
如雷霆　　震东亚
顾正红　　被枪杀①
大上海　　闹“三罢”
省港潮②　　声势大
诸列强　　皆大哗

---

① 顾正红，被枪杀：1925 年 5 月 14 日，上海日本纱厂工人罢工，抗议资本家无理开除工人。次日，日本资本家枪杀工人共产党员顾正红。5 月 30 日上海各界示威游行。英国巡捕开枪打死打伤示威群众数十人，造成“五卅”惨案。

② 省港潮：即省港大罢工。1925 年 6 月 19 日，中国共产党在广州和香港发动 25 万工人大罢工，支持上海“五卅反帝运动”。英帝国主义戒严封锁，对付工人，工人们纷纷回到广州，使香港变成“臭港”。罢工延续 16 个月之久。

海陆丰　　衡山下
农运起　　霹雳炸
打土豪　　除恶霸
农协会　　掌天下
暴风雨　　惊暮鸦
革命潮　　浪淘沙
国民党　　鱼龙杂
蒋介石　　藏奸猾
排异党　　暗策划
设诡计　　凭权诈
陈独秀　　怯挞伐
屡退让　　隐患大
黄埔军　　势方兴
训有素　　百炼锋
讨叛逆　　两东征
根据地　　两广统
共产党　　率工农
促北伐　　出雄兵
有叶挺　　作先锋
三路军　　虎生风
周恩来　　震江东
三起义　　申江红

北伐军　威势猛
克武汉　下沪宁
南中国　烈火熊
诸军阀　梦魂惊
蒋介石　羽翼丰
“四一二”[①]　屠刀红
汪精卫　相呼应
“七一五”[②]　搞分共
乌云滚　阴霾重
群魔舞　豺狼横
革命船　何去从
堕雾海　迷征程
周、朱、贺　及叶挺
起南昌　树赤旌
第一枪　震域中
人民军　应运生

---

① “四一二”：1927年4月12日，蒋介石在上海指使流氓袭击工人纠察队，并借口“工人内讧”缴了他们的枪械。工人罢工请愿，蒋介石就下令大肆屠杀工人和共产党人，这就是骇人听闻的“四一二”反革命政变。

② “七一五”：1927年7月15日，汪精卫在武汉召开分共会议，发动反革命政变，与蒋介石“四一二”政变相呼应。

“八七”会①　批右倾
作决策　汉口城
重奋起　唤农工
建武装　起斗争
毛泽东　论旨宏
以农村　围坚城
湘赣边　秋点兵
文家市　火炬红
首义军　出精英
至湘南　振长缨
朱老总　毛泽东
会井冈　耸两峰
张太雷　叶剑英
战旗举　广州城
会百川　江海腾
井冈山　聚群英
湘鄂西　起贺龙
洪湖水　浪排空

① “八七”会：1927年8月7日，中共中央在瞿秋白主持下，于汉口召开紧急会议。会议撤销了陈独秀的领导职务，选出新的临时中央政治局，并决定在湘、赣边界发动秋收起义。

方志敏　　崛横峰
闽、浙、赣　　风云涌
徐向前　　起雄兵
鄂、豫、皖　　滚雷霆
彭德怀　　与黄、滕①
战平江　　震湘东
刘志丹　　真英雄
起渭、华　　敌胆惊
张云逸　　邓小平
左右江　　缚鲲鹏
毛泽东　　椽笔红
燎原火　　起星星
贫雇农　　闹革命
根据地　　山川动
焚地契　　修田塍②
铁矛锐　　缨枪明
李立三　　急事功
遣兵将　　令攻城

① 黄、滕：指与彭德怀一起领导平江起义的黄公略和滕代远。平江起义后，彭、黄、滕率红五军部分战士到达井冈山，与毛泽东、朱德会师。

② 田塍(chéng)：田埂。

毛委员 统雄兵
向赣水 指庐陵①
革命旗 卷长风
瑞金城 半天红
三一年 “九一八”②
有日寇 侵中华
“不抵抗” 国人骂
丢东北 任践踏
嫩江原 溅血花
战云垂 暗华夏
马占山 裂眦咤③
征尘染 冲冠发
战江桥 斩海鲨
惊扶桑 震东亚

---

① 庐陵:指江西吉安。

② “九一八”:1931 年 9 月 18 日夜,根据不平等条约驻扎在中国东北的日本关东军炸毁沈阳北郊柳条湖附近南满铁路的一段路轨,并制造借口突然袭击中国东北军驻地北大营和沈阳城,“九一八”事变爆发。

③ 马占山,裂眦(zì)咤:马占山是国民党抗日爱国将领。1931 年日寇侵略东北,马占山时任黑龙江省政府代理主席兼东北边防军黑龙江省副司令,率部组织抵抗,取得江桥抗战的胜利,震动中外。后来战败,退至苏联。辗转回国后继续参加抗战,直至胜利。裂眦咤,即双眼怒睁、眼眶欲裂地叱责蒋介石“不抵抗主义”。

日军袭击东北军驻地北大营

| | |
|---|---|
| 侵略军 | 犯上海 |
| 南中国 | 临兵灾 |
| 蒋光鼐 | 蔡廷锴① |
| 敢抗命 | 拒虎豺 |
| 侵略者 | 连惨败 |
| 仅月余 | 易四帅 |
| 妥协派 | 设障碍 |
| 谋停战 | 搞破坏 |
| 签协定 | 任敌宰 |
| 调蔡军 | 千里外 |
| 蒋介石 | 要独裁 |
| 围苏区 | 亲挂帅 |
| 先安内 | 后攘外 |
| 亲者痛 | 仇者快 |
| 毛、周、朱 | 善用兵 |
| 我红军 | 志成城 |
| 反围剿 | 四鏖兵② |
| 根据地 | 岿不动 |

① 蒋光鼐,蔡廷锴:蒋、蔡都是十九路军将领。1932 年 1 月 28 日夜,日军进攻上海闸北,蒋、蔡率军奋战,坚持月余,后被迫停战。

② 鏖兵:苦战。

秦邦宪　　是书生
用李德[①]　　硬碰硬
战失利　　上征程
大转移　　万里行
抗围追　　过五岭
破堵截　　越乌蒙
遵义会　　丰碑铭
选核心　　毛泽东
娄山关　　战旗红
渡赤水　　出奇兵
跨乌江　　逼昆明
渡金沙　　显神通
抢安顺　　夺泸定
斗雪山　　战玉龙
张国焘　　真奸佞
搞分裂　　未得逞
我红军　　铁铸成
过草地　　踏泥泞

---

① 李德：德国人，原名奥托·布劳恩，受苏联情报部门委派到中国东北搜集日本情报，后到上海被博古聘为军事顾问，至苏区掌握红军指挥权，不顾实际情况胡乱指挥，使红军在第五次反"围剿"及长征初期蒙受巨大损失。

腊子口　降飞兵
六盘山　傲西风
远程止　吴起镇
壮今古　举世惊
战直罗[①]　西北定
会三军　长征胜
建边区　陕甘宁
为抗日　扎大营
宝塔山　杨家岭
如北斗　众星拱
有陈毅　和项英
立梅岭[②]　望飞鸿
食野菜　宿岩洞
昼潜伏　夜交兵
敌搜剿　血风腥
壮士死　鬼亦雄
苦持撑　三年整

---

① 战直罗：1935年11月，中央红一方面军在陕西富县直罗镇歼敌一〇九师，粉碎了敌人对陕甘根据地的“围剿”，为把中国革命中心转移到西北举行了奠基礼。

② 梅岭：江西、广东边界的大庾岭。主力红军长征后，陈毅、项英留在这一带坚持了三年游击战争。

柱南天　　傲苍穹
东北陷　　山川恸
华北大　　日伪横
爱国士　　发呼声
“一二·九”①　　震北平
停内战　　抗侵凌
全中国　　山河应
唯统战　　能制胜
瓦窑堡　　方略定②
张学良　　杨虎城
西安变　　谏枭雄
周恩来　　出调停
为统战　　立大功
三七年　　战云浓
卢沟桥　　传炮声

---

① “一二·九”:1935 年 12 月 9 日,北平学生为反对日本侵略、汉奸“自治”、国民党不抵抗政策而发动的集体请愿和抗日游行。自此,全国掀起抗日救亡运动的新高潮。

② 瓦窑堡,方略定:1935 年 12 月 17—25 日中共中央在陕北瓦窑堡召开政治局扩大会议,通过《中共中央关于目前政治形势与党的任务的决议》,规定了党的策略路线:发动、团结与组织全中国全民族一切革命力量去反对当前主要的敌人——日本帝国主义与卖国贼。这次会议确定了建立广泛的抗日民族统一战线的方针和策略。

日本兵　袭宛平
寻借口　动刀兵
宋哲元　何基沣①
命士卒　守危城
中国人　是英雄
挥刀剑　敢屠龙
佟麟阁②　真英勇
宁战死　不退兵
守南苑　成鬼雄
抗战史　留英名
侵略者　贪婪性
南北进　用夹攻

① 宋哲元，何基沣：宋哲元（1885—1940），山东乐陵人，原为冯玉祥旧部，国民党二十九军军长。于1937年七七事变中，在北平（今北京）卢沟桥率部奋起抗日。何基沣即其部旅长，首先打响了第一枪。

② 佟麟阁（1892—1937）：河北高阳人，冯玉祥旧部，中国国民党抗日爱国将领。1937年七七事变中在北平南苑奋勇抗日，遭伏击壮烈殉国。

“八一三”①　　攻吴淞
大迂回　　逼申城
宝山县　　碧血迸
五百士　　作牺牲
谢晋元　　冠群英
守“四行”　　扬威名
寇西侵　　陷南京
大屠杀　　恶魔疯
血成河　　尸纵横
连三月　　风雨腥
侵略者　　气焰盛
犯齐鲁　　窥彭城②
李宗仁　　大将风

① “八一三”：1937年8月13日，日寇进攻上海，中国军队与敌激战三个月之久，是为淞沪会战。8月下旬，日军向宝山、吴淞一线进攻，坚守宝山县城的500多名中国官兵与日军血战，全部壮烈殉国。10月，日军攻入上海市区，中国守军谢晋元（著名抗日英雄）率800名官兵坚守苏州河北岸的四行仓库，掩护主力撤退，孤军奋战四昼夜完成任务。

② 彭城：即徐州。

台儿庄　斩虎鲸[①]
共产党　披肝胆
靠人民　战敌顽
政治局　会洛川[②]
十纲领　定路线
去敌后　总动员
根据地　游击战
西风紧　雁声寒
送战士　平型关
第一战　捷报传
只一举　灭敌焰
毛泽东　著鸿篇
论抗日　持久战
全民族　赴国难

---

① 台儿庄，斩虎鲸：抗日战争初期的1938年3月16日至4月15日，中国军队在李宗仁指挥下，同日本侵略军在山东峄县(今枣庄)的台儿庄，进行了一场大规模的作战，歼敌一万余人，最终取得会战胜利，坚定了中国人民抗战必胜的信心。虎鲸是鲸的一种，为海中害兽，性极凶猛。此处指日本侵略者。

② 政治局，会洛川：1937年8月，中共中央在陕北洛川召开政治局扩大会议。会议通过《中国共产党抗日救国十大纲领》，决定在敌后放手发动独立自主的游击战争，建立敌后抗日根据地；在国民党统治区放手发动抗日的群众运动，争取全国人民应有的政治、经济权利；以减租减息为抗日战争时期解决农民问题的基本政策。

救国志　　薄云天
三江原①　　兴安岭
抗联军　　作苦撑
逐寇仇　　齐奋勇
林海雪　　溅血红
杨靖宇②　　旷古雄
为民族　　肝胆倾
饥吞絮　　渴饮冰
碧血染　　白山松
朱司令　　彭老总
调百团　　破“囚笼”③
青纱帐　　隐奇兵
游击战　　显威灵
运动战　　攻势猛
迅如雷　　矫如龙
拔据点　　毁交通

① 三江原：即三江平原。黑龙江、松花江、乌苏里江汇流、冲积而成，在东北大平原东北部。

② 杨靖宇(1905—1940)：河南确山人，回族。1927年加入中国共产党，同年领导确山起义。1929年调赴东北。九一八事变后，先后任红军三十二军南满游击队政委，东北抗日联军总司令兼政委。1940年2月23日，在吉林濛江县(今靖宇县)被日军包围，壮烈殉国。

③ 破“囚笼”：粉碎日军对根据地实行封锁的“囚笼政策”。

五千里　战果丰
国威振　敌胆惊
全民族　信心增
反扫荡　苦周旋
壮士殉　狼牙山
参谋长　名左权①
救国难　甘履险
以热血　荐轩辕
晋察冀　晋绥边
冀鲁豫　沂蒙山
地道战　地雷战
东洋军　寸步难
顽固派　受局限
政府军　片面战
丢广州　失武汉
丢湘桂　失独山②
法西斯　虽凶顽

① 左权(1905—1942):无产阶级军事家,湖南醴陵人。黄埔军校一期毕业。1925年赴苏联学习军事。1930年回国任红一军团参谋长。抗日战争时期任八路军副总参谋长。1942年在山西辽县(今左权县)反"扫荡"时牺牲。

② 独山:在贵州境内,日军南侵至此再也无力前进。

强弩末　　难向前
汪精卫　　贼奸雄
飞河内　　发声明
降敌国　　惭李陵①
伪政权　　建南京
爱国将　　张自忠②
收国土　　请长缨
战枣宜　　陨将星
风呜咽　　马悲鸣
远征军　　战滇缅
为打通　　运输线
戴安澜　　罹万难
遭伏击　　裹尸还
蒋介石　　勇反共

---

① 惭李陵：李陵是汉武帝时大将，他在与匈奴作战时因寡不敌众兵败降敌。这里指汪精卫的降日行径会使李陵自愧不如。叶剑英《斥林彪》诗有句："仓皇北窜埋沙碛，地下应惭汉李陵。"

② 张自忠(1891—1940)：山东临清人，原属冯玉祥旧部。1938年参加台儿庄大战；1940年5月率三十三集团军在枣宜会战中与日军血战九昼夜，为国壮烈捐躯。

袭晋西　攻陇东[①]
制皖变[②]　囚叶挺
共产党　起抗争
反分裂　凭智勇
揭阴谋　顶逆风
以铁拳　对进攻
复军部　实力增
新四军　旗更红
刘少奇　陈老总
跨江淮　战华东
四师长　彭雪枫[③]
战淮北　任纵横
闻威名　敌伪惊
濒胜利　竟牺牲

---

① 袭晋西,攻陇东:1939年12月阎锡山发动晋西事变,进攻抗敌决死队;朱绍良发动陇东事件,进攻陕甘宁边区。是为第一次反共高潮。

② 制皖变:1941年1月国民党顽固派发动第二次反共高潮,在皖南泾县茂林地区偷袭奉命北移的新四军。新四军副军长项英被害,军长叶挺被扣。是为"皖南事变"。

③ 彭雪枫(1907—1944):河南镇平人。1926年加入中国共产党,曾任红军大学校长,长征到陕北后任第一军团四师师长。后任八路军四纵队司令员、新四军四师师长。抗战中在河南夏邑八里庄战斗中牺牲。

西风泣　　秋露零
长淮咽　　悼英雄
枣园灯　　何耿耿[1]
抗战路　　分外明
我军民　　奋神勇
战敌后　　八年整
统思想　　整“三风”
大生产　　衣食丰
八路军　　建奇功
新四军　　显神通
杀日寇　　逞英雄
四三年　　春雷动
法西斯　　溃势成
开罗会[2]　　发声明
对日军　　要严惩

---

① 枣园灯，何耿耿：枣园在延安，是抗战时中共中央所在地。耿耿，明亮的意思，“何耿耿”是何等明亮的意思。

② 开罗会：1943 年 11 月，中、美、英三国首脑蒋介石、罗斯福、丘吉尔在埃及首都开罗举行会议，商讨联合对日作战计划以及击败日本后如何处置日本等问题，并签署了《开罗宣言》，其中有把日本侵占中国的领土如东北地区、台湾及其附属岛屿、澎湖群岛等归还中华民国。把日本从它用武力攫取的所有土地上驱逐出去；使朝鲜自由独立；坚持日本无条件投降。

无条件　撤降兵
还东北　及台、澎
“七大”会　似明灯
大旗举　思想统
迎胜利　指航程
德、意降　欧战终
亚太区　大反攻
苏红军　出远征
援中华　驱顽凶
蘑云起　卷飓风
美空军　炸东瀛
日本降　抗战胜
全民族　齐欢庆
烟未散　风尚腥
蒋介石　大调兵
拉美国　作帮凶
抢地盘　如蜂拥
施诡计　三电请
邀毛公　赴重庆
毛泽东　弥天勇
周恩来　气如虹
入虎穴　斗强龙

争民主　　争和平
海内外　　钦英风
双十节　　签协定
蒋介石　　现本性
挥战刀　　令剿共
袭中原　　遣重兵
大别山　　围千重
从来安　　到南通
揭战幕　　大进攻
攻陕北　　犯山东
美械化　　气势汹
全线进　　重点攻①
气如牛　　败如风
解放军　　振长缨
要和平　　唯战争

---

① 全线进，重点攻：1946 年 6 月蒋介石对我大别山中原解放区发动进攻；7 月 12 日，蒋介石从安徽来安到江苏南通揭开八百里战幕，对解放区发动全面进攻，经八个月而告失败；又于 1947 年 3 月 7 日分别对我陕甘宁边区和苏北、山东地区发动重点进攻，经四个月而告失败。

遣刘邓　　出奇兵①
插中原　　尖刀红
战辽沈②　缚苍龙
克天津　　取北平③
定淮海④　搏华东
渡长江　　占南京⑤

---

① 遣刘邓,出奇兵:1947年6月30日夜,刘伯承、邓小平率晋冀鲁豫解放军于鲁西南渡黄河,千里挺进大别山,揭开解放战争大反攻的序幕。

② 战辽沈:1948年9—11月,在中央军委战略决策指导下,中国人民解放军东北野战军,由林彪、罗荣桓率领进行了辽沈战役。歼灭东北地区国民党军队47万,解放了以沈阳为中心的东北全境,加速了全国解放战争的进程。

③ 克天津,取北平:1948年11—12月,由林彪、罗荣桓及聂荣臻、徐向前率领的东北、华北两大野战军先解放天津,继而迫使傅作义率部接受改编,北平宣布和平解放。平津战役共歼灭、改编国民党军52万,解放了北平、天津在内的华北大片地区。

④ 定淮海:1948年11月至1949年1月,邓小平、刘伯承及陈毅、粟裕所率中原、华东两大野战军发动以徐州为中心的淮海战役。歼灭国民党军队55万,解放了江北的华东、华中地区。国民党反动集团从此陷入土崩瓦解状态。

⑤ 渡长江,占南京:1949年4月20日,刘伯承、邓小平与陈毅、粟裕率中原、华东两大野战军,发动渡江战役。在西起湖口东至江阴的千里战线上,突破国民党军江防,百万雄师过大江,于4月23日解放南京,宣告国民党蒋介石集团在大陆的统治覆灭。共歼国民党军43万,为进军华南、西南加速全国的解放创造了条件。

旌旗奋　　陕甘红
出玉门　　西北定[①]
逐残敌　　下羊城
指琼岛　　渡南溟[②]
履剑阁　　越巴岭
签协议　　仰珠峰[③]
蒋政权　　一朝倾
退台湾　　悬孤星[④]

新世纪　　新文化
新思想　　迸火花

---

① 陕甘红……西北定：1948 年 8—9 月彭德怀所率西北野战军挺进西北，解放了陕西、甘肃、青海，继而西出玉门，兵不血刃和平解放新疆。

② 下羊城……渡南溟：羊城即广州；琼岛即海南岛；南溟即南海。1949 年 10 月，林彪所率东北野战军追逐残敌解放广州。1950 年 5 月，中国人民解放军第四野战军又渡海解放海南岛。

③ 履剑阁……仰珠峰：剑阁指四川的剑阁道，其栈道极险，为川陕主要通道。巴岭即巴山。珠峰即西藏的珠穆朗玛峰。1949 年 11 月，刘、邓率领的野战军由川东、川南，贺龙所率的野战军由陕南、陇西分路挥师，并于 12 月解放了四川。1950 年春，张国华、谭冠三部进藏，1951 年 5 月，西藏和平解放。

④ 悬孤星：言台湾如黎明时的一颗小星星孤悬于海外。唐·崔曙诗有句："夜来双月满，曙后一星孤。"

救祖国　强中华
群贤起　英姿发
陈独秀　人中杰
勇革新　真奇崛①
倡民主　倡科学
反封建　最坚决
李大钊　笔锋劲
担道义　铁肩硬
传马列　倡革命
全中国　风雷动
民族魂　是鲁迅
松柏骨　赤子心
对腐恶　恨最深
甘俯首　为人民
郭沫若　称巨擘②
为新诗　开先河
宗马列③　研史学
众公认　奠基者

---

① 奇崛:独特不凡。

② 称巨擘(bò):喻特出的人物。擘,即大拇指。

③ 宗马列:尊崇马列的辩证唯物主义和历史唯物主义。宗是尊崇的意思。

著《子夜》　是茅盾
旧上海　国缩影
横巨鲨　肆饕蚊[①]
揭现实　入髓深
巴金著　《家》《春》《秋》
写爱恨　写情仇
大时代　如洪流
促新生　摧枯朽
戏剧家　名曹禺
著《日出》　著《雷雨》
旧社会　浊如泥
“损不足　奉有余”
女作家　有丁玲
写“土改”　风雷颂
桑干河　太阳红
封建制　丧钟鸣
老舍著　《龙须沟》
咒逝川　除遗臭

① 横巨鲨，肆饕（tāo）蚊：巨鲨喻帝国主义在华经济势力。饕蚊即贪吃的蚊子。此处喻大资产阶级像贪吃的蚊子吮吸人民的膏血。横与肆，即任意横行。

世事变　岁月流
活水来　逐浮沤
梁斌作　《红旗谱》
写英雄　敢伏虎
反暴政　抗强虏
民族性　铸铁骨
《义勇军　进行曲》
唤民众　齐奋起
救祖国　救自己
拼热血　冒锋镝
齐白石　擅丹青
松筠寿　童稚情
花似摇　虫欲动
笔简练　色鲜明
美术家　徐悲鸿
写神骏　骨相清
鬃鬣扬　蹄生风
驰欲出　万里征

# 中国古代史大事年表

| | |
|---|---|
| 约公元前 2070 年 | 禹建立夏朝 |
| 约公元前 1600 年 | 汤建立商朝 |
| 公元前 1046 年 | 武王伐纣,建立周朝 |
| 公元前 771 年 | 犬戎攻入镐京,西周灭亡 |
| 公元前 770 年 | 周平王迁都洛邑,东周开始 |
| 春秋晚期 | 孔子在世 |
| 公元前 356 年 | 商鞅变法 |
| 公元前 221 年 | 秦灭六国,秦始皇建立专制主义中央集权制度 |
| 公元前 209 年 | 陈胜、吴广起义爆发 |
| 公元前 207 年 | 刘邦攻入咸阳,秦亡 |
| 公元前 206—前 202 年 | 楚汉战争 |
| 公元前 202 年 | 刘邦建立汉朝,史称西汉 |
| 公元前 138 年 | 张骞首次出使西域 |
| 公元前 60 年 | 西域都护府设立 |
| 公元 9 年 | 王莽夺取皇位,改国号为新,西汉灭亡 |
| 公元 25 年 | 刘秀重建汉朝,史称东汉 |
| 105 年 | 蔡伦改进造纸术 |

| | |
|---|---|
| 220 年 | 曹丕称帝，魏国建立，东汉灭亡 |
| 266 年 | 司马炎代魏称帝，建立晋，史称西晋 |
| 280 年 | 西晋灭吴，统一全国 |
| 316 年 | 匈奴兵攻占长安，西晋灭亡 |
| 317 年 | 司马睿重建晋，史称东晋 |
| 383 年 | 淝水之战 |
| 420 年 | 刘裕夺取皇位，建立宋，南朝开始 |
| 439 年 | 鲜卑拓跋部建立的北魏统一北方 |
| 494 年 | 北魏孝文帝迁都洛阳 |
| 581 年 | 隋朝建立 |
| 618 年 | 隋朝灭亡，唐朝建立 |
| 7 世纪前期 | “贞观之治” |
| 7 世纪前期 | 松赞干布统一吐蕃 |
| 690 年 | 武则天称帝，改国号为周 |
| 8 世纪前期 | “开元盛世” |
| 755—763 年 | 安史之乱 |
| 907 年 | 后梁建立，唐朝灭亡，五代开始 |
| 960 年 | 赵匡胤建立宋朝，史称北宋 |
| 1038 年 | 党项族首领元昊建立西夏 |
| 1069 年 | 王安石开始变法 |
| 1115 年 | 女真族首领完颜阿骨打建立金 |
| 1127 年 | “靖康之变”，金灭北宋，南宋开始 |
| 1206 年 | 铁木真建立蒙古汗国 |
| 1271 年 | 忽必烈定国号为大元 |
| 1276 年 | 南宋灭亡 |

| | |
|---|---|
| 1368 年 | 朱元璋建立明朝,明军攻占大都,元朝灭亡 |
| 1405—1433 年 | 郑和七次下西洋 |
| 明朝中后期 | 资本主义萌芽开始在江南出现 |
| 16 世纪中期 | 戚继光在东南沿海抗击倭寇 |
| 1616 年 | 努尔哈赤建立后金 |
| 1627 年 | 明末农民战争爆发 |
| 1636 年 | 后金改国号为大清 |
| 1644 年 | 李自成建立大顺政权,攻占北京,明朝灭亡;清军入关,建立全国性政权 |
| 1662 年 | 郑成功收复台湾 |
| 1684 年 | 清朝设置台湾府,隶属福建省 |
| 1727 年 | 清朝开始派遣驻藏大臣 |

# 中国近代史大事年表

| | |
|---|---|
| 1840 年 | 鸦片战争爆发 |
| 1842 年 | 中英《南京条约》签订 |
| 1851 年 | 金田起义,太平天国建立 |
| 1856—1860 年 | 第二次鸦片战争 |
| 19 世纪 60—70 年代 | 中国民族资产阶级产生 |
| 19 世纪 60—90 年代 | 洋务运动 |
| 1883—1885 年 | 中法战争 |
| 1894—1895 年 | 甲午中日战争 |
| 1898 年 | 戊戌变法运动 |
| 1899 年 | 义和团运动高潮 |
| 1901 年 | 《辛丑条约》签订 |
| 1905 年 | 中国同盟会成立 |
| 1911 年 | 黄花岗起义 |
| 1911 年 10 月 10 日 | 武昌起义,辛亥革命爆发 |
| 1912 年(民国元年) | 中华民国临时政府成立,清帝退位 |
| 1915 年 10 月 | 袁世凯复辟帝制,次年失败 |
| 1917 年 | 张勋复辟失败,护法运动开始 |
| 1919 年 5 月 4 日 | 五四运动爆发 |

| | |
|---|---|
| 1921年7月23日 | 中国共产党成立 |
| 1925年 | 孙中山逝世 |
| 1926年7月 | 国民革命军出师北伐 |
| 1927年4月 | 南京国民政府成立 |
| 1927年8月1日 | 南昌起义爆发 |
| 1928年4月 | 毛泽东领导的工农革命军与朱德率领的革命队伍在井冈山会师 |
| 1931年9月18日 | 九一八事变爆发,中国局部抗战开始 |
| 1934年10月 | 中央红军被迫战略转移,开始长征 |
| 1935年1月 | 遵义会议召开 |
| 1935年10月 | 中国工农红军第一方面军到达陕北 |
| 1936年12月12日 | 西安事变 |
| 1937年7月7日 | 卢沟桥事变,中国全面抗战开始 |
| 1937年12月 | 南京大屠杀 |
| 1938年1—5月 | 徐州会战,台儿庄大捷 |
| 1940年8月 | 百团大战开始 |
| 1945年4月 | 中国共产党第七次全国代表大会召开 |
| 1945年8月15日 | 日本无条件投降 |
| 1946年6月 | 国民党发动全面内战,人民解放战争开始 |
| 1947年6月 | 人民解放军开始战略反攻 |

(正文中已注释的历史事件从略)